LE SANGLIER

DES ARDENNES

COMÉDIE

Représentée pour la première fois, à Paris, sur le théâtre du GYMNASE,
le 14 juillet 1875.

CHATILLON-SUR-SEINE. — IMPRIMERIE E. CORNILLAC

LE SANGLIER

DES ARDENNES

COMÉDIE EN UN ACTE

PAR

AMÉDÉE ACHARD

PARIS

MICHEL LÉVY FRÈRES, ÉDITEURS

RUE AUBER, 3, PLACE DE L'OPÉRA

LIBRAIRIE NOUVELLE

BOULEVARD DES ITALIENS, 15, AU COIN DE LA RUE DE GRAMMONT

1875

PERSONNAGES

POMPIGNOL	MM. LANDROL.
PHILIPPE DE FONTENAY	ACHARD.
EUSÈBE DE SAINTE-FLORE . . .	RICHARD.
PIERROT	FRANCÈS.
CÉCILE DE CHARMOIS	Mmes LEGAULT.
PIERRETTE	PIERSKI.

LE SANGLIER

DES ARDENNES

Le parc d'un château dans les Ardennes. — Maison avec perron à droite. — Petite table et chaises rustiques devant la maison, au-dessus du perron.

SCÈNE PREMIÈRE

PIERROT, PIERRETTE.

Pierrette range sur le guéridon au moment où Pierrot paraît portant une caisse sous le bras.

PIERROT, *entrant avec précaution.*

Où est le Sanglier?

PIERRETTE, *effrayée.*

Que c'est bête de vous faire des peurs comme ça!

PIERROT, *s'approchant et plus bas.*

Où est le Sanglier?

PIERRETTE.

Il est sorti avec sa nièce.

PIERROT.

De quel côté?

PIERRETTE.

Ils vont à la ferme des Rochers.

PIERROT.

Et le jeune homme?

PIERRETTE.

Quel jeune homme?

PIERROT.

Le prétendant.

PIERRETTE.

Monsieur de Sainte-Flore? il est avec **eux naturelle-**
ment; c'est lui qui porte les parapluies.

PIERROT, se disposant à traverser la scène.

Et il y a cinq voitures dans la remise! voilà bien le
Sanglier.

PIERRETTE *.

Où vas-tu?

PIERROT.

Ça ne te regarde pas.

PIERRETTE, le retenant.

Qu'est-ce que c'est que cette caisse?

PIERROT.

Je ne veux pas te le dire.

PIERRETTE, piquée.

Ah! du mystère! c'est bon!

PIERROT.

Ne te fâche pas, Pierrette.

PIERRETTE.

Qui parle de se fâcher?

* Pierrette, Pierrot.

SCÈNE PREMIÈRE

PIERROT.

Tu boudes.

PIERRETTE.

Où as-tu vu ça?

PIERROT.

Alors laisse-moi t'embrasser.

PIERRETTE, lui tendant la joue.

Embrasse. (Au moment où il approche ses lèvres.) Monsieur
Pompignol !

PIERROT, se reculant avec terreur et laissant tomber sa caisse.

Oh !

PIERRETTE.

Non, c'est le vent qui a fait craquer les branches.

PIERROT.

Es-tu sotte de crier comme ça.

PIERRETTE.

J'ai cru reconnaître sa voix.

PIERROT, s'essuyant le front.

J'en ai eu chaud.

PIERRETTE, s'asseyant sur la caisse.

Et moi je n'ai plus de jambes.

PIERROT.

Et tu t'asseois sur ma caisse?

PIERRETTE, restant assise.

Je suis si émue ! vois-tu, Pierrot, on souffre trop dans
cette maison.

PIERROT.

Ah! pour ça oui, on souffre.

PIERRETTE.

Ce n'est pas vivre que vivre ainsi.

PIERROT.

Non, ce n'est pas vivre.

PIERRETTE.

Toujours trembler.

PIERROT.

Toujours.

PIERRETTE, sans lui répondre.

Moi j'ai bien réfléchi, j'aime mieux m'en aller.

PIERROT, faisant un bond.

T'en aller, et le testament?

PIERRETTE, tout en cherchant de quel coté s'ouvre la caisse sur laquelle
elle était assise.

Tu y crois donc, toi, au testament?

PIERROT.

C'est écrit par le notaire : cinq cents francs à Pierrot et
autant à Pierrette, s'ils sont encore à mon service...

PIERRETTE.

Mettre ses domestiques sur son testament pour les em-
pêcher de partir! faut-il être tyran!

PIERROT.

Ah! oui, il faut être tyran!... mais j'aurais pâti qua-
torze mois pour rien!... Bernique. Donne-moi ma caisse.

PIERRETTE, sans lui répondre.

Tu me conseilles donc de rester?

PIERROT.

Pardine! sans compter que lorsque mam'selle Cécile sera
mariée, c'est elle qui mènera la maison, et alors nous se-
rons comme des coqs en pâte.

PIERRETTE.

Mam'selle a dix-sept ans, elle est très-jolie, elle est orpheline : son oncle lui fait une grosse dot.

PIERROT.

Et tu ne devines pas, toi, pourquoi le Sanglier lui donne
toute sa fortune?

PIERRETTE.

Non.

PIERROT.

C'est encore pour tyranniser : il veut avoir le droit de
choisir le mari de sa nièce. Depuis un an que mam'selle
est sortie de pension, il s'en est présenté neuf; il les loge
dans la tour.

PIERRETTE.

Où l'on étouffe l'été.

PIERROT.

Et où on gèle l'hiver ;

PIERRETTE, cherchant toujours.

Il les fait mourir de faim.

PIERROT.

Il a un cheval exprès pour les jeter à terre.

PIERRETTE.

Quand ils disent blanc, il dit noir.

PIERROT.

S'ils disent noir, il dit blanc.

PIERRETTE, toujours occupée à la caisse.

Ils s'en plaignent point, mademoiselle sera si riche.

PIERROT.

Oui, mais il ne leur a pas donné sa nièce.

PIERRETTE.

Je parierais, moi, que le dernier réussira.
Elle soulève le couvercle en se levant un peu sans qu'il s'en aperçoive.

PIERROT.

Monsieur de Sainte-Flore !... Celui-là est souple. Ah !
pour un homme souple... Mais c'est égal, il n'y aurait
qu'un moyen d'épouser mademoiselle, ce serait de l'en-
lever à la barbe du Sanglier, parce que, quand une jeune
personne est enlevée... dame ! faut bien que ça s'achève.

PIERRETTE, sans l'écouter, regardant dans la caisse.

C'est un bouquet !

PIERROT, furieux.

Hein !

PIERRETTE.

Et un beau bouquet, mazette !

PIERROT *.

Eh bien ! oui, oui là, un bouquet ! (Il remet le couvercle avec
rage.) Oh ! les femmes !

* Pierrot, Pierrette.

PIERRETTE.

Comme si ce n'était pas plus simple de me dire : Voilà
un bouquet que monsieur de Sainte-Flore...

PIERROT, toujours furieux.

Monsieur de Sainte-Flore!... il s'agit bien de monsieur
de Sainte-Flore!

PIERRETTE.

Ce n'est pas lui?

PIERROT.

Ça ne te regarde pas, je te l'ai déjà dit.

PIERRETTE.

Il m'a promis cinquante francs, s'il épousait mademoiselle. Ah! le voilà!

PIERROT.

S'il me voit avec la caisse sous mon bras, je serai com-
promis.

Il pose la caisse.

SCÈNE II

LES MÊMES, EUSÈBE*.

EUSÈBE, entrant désolé avec trois parapluies.

Non, non, c'est fini, j'y renonce.

Il s'assied.

PIERRETTE.

Hein?

PIERROT.

Ah! ah!

EUSÈBE.

Il veut me forcer à reconnaître que la lune est ronde
le soir et carrée le matin.

PIERROT et PIERRETTE.

Eh ben?

* Pierrot, Eusèbe, Pierrette.

EUSÈBE.

Eh bien, ça m'est égal, je l'ai reconnu. Mais il veut me faire avouer que tous les avocats sont des blagueurs.

PIERROT et PIERRETTE.

Eh ben?

EUSÈBE.

Eh bien, je suis avocat, moi.

PIERROT et PIERRETTE.

Qué que ça fait?

EUSÈBE.

Ça ne fait rien, je l'ai avoué, puisqu'il y tenait, mais j'ai protesté en dedans; je proteste encore.

PIERROT.

Et vous l'avez quitté?

EUSÈBE.

Non, c'est lui qui m'envoie chercher trois parasols. Ce n'est pas assez de trois parapluies, parce qu'il y a des nuages; il faut encore trois parasols, parce qu'il fait du soleil.

PIERROT, très-inquiet.

Le patron n'est donc pas à la ferme?

EUSÈBE.

Il attend dans le parc avec mademoiselle Cécile, et il s'impatiente comme toujours. Mais je ne sais pas où sont les parasols, moi!

PIERROT, allant les chercher.

Les voilà, monsieur, les voilà.

PIERRETTE.

Alors monsieur y renonce?

EUSÈBE.

A quoi?

PIERRETTE.

A la main de mademoiselle.

EUSÈBE, faisant un bond.

Moi!

PIERROT.

Monsieur a dit en entrant : c'est fini, j'y renonce.

EUSÈBE.

Oui, oui, on dit ces choses-là ! Y renoncer ! une dot de douze cent mille francs ! une jeune personne charmante !... sans compter les espérances ! Y renoncer après deux mois de concessions et d'humiliations ! Y renoncer ! En voilà une petite grue !

PIERRETTE, furieuse.

Petite grue !

PIERROT.

Oui, petite grue !

EUSÈBE, se levant.

Donnez-moi les parasols. Y renoncer ! quand je n'ai plus que quelques jours à faire... quand je plais déjà à l'oncle... je je...

La parole lui manque et il s'affaisse sur sa chaise.

PIERROT.

Ah ! mon Dieu ! le voilà qui s'évanouit.

PIERRETTE.

Je vas lui jeter de l'eau.

EUSÈBE, la retenant.

Non, pas d'eau.

PIERROT.

C'est l'émotion.

EUSÈBE.

Non, ce n'est pas l'émotion, c'est la faim. Il m'a fait déjeuner avec un œuf à la coque. Il reconnaît qu'un seul œuf pour une personne ce n'est pas beaucoup, mais il trouve que deux ce serait trop. Il y a des systèmes d'hygiène qui ne me réussissent pas. (Se levant.) S'il y avait seulement une auberge dans le pays, mais non, non, c'est le désert... c'est le...

Il tombe encore en syncope.

PIERROT.

Le voilà qui se révanouit.

PIERRETTE, avec calme.

Je vais lui jeter de l'eau.

SCÈNE III

LES MÊMES, POMPIGNOL *.

POMPIGNOL, entrant vivement.

Eh bien ! monsieur de Sainte-Flore, nous vous attendons.

PIERROT et PIERRETTE, restant interloqués.

Le patron.

EUSÈBE, se relevant vivement, comme s'il était mû par un ressort.

Me voici, me voici. Je vous apportais les parasols, mon cher monsieur Pompignol.

POMPIGNOL.

Seriez-vous fatigué ?

EUSÈBE.

Moi! jamais! jamais, au contraire.

POMPIGNOL.

Vous vous trouvez bien de mon régime, n'est-ce pas ?

EUSÈBE.

A merveille ! je prends des forces.

POMPIGNOL.

Il me semble que vous ne vous ennuyez pas trop chez moi?

EUSÈBE.

M'ennuyer ! moi! chez vous? oh ! mon cher Pompignol, je suis aux anges.

POMPIGNOL.

S'il m'arrive quelquefois de ne pas être de votre avis...

EUSÈBE, vivement.

C'est que j'ai toujours tort.

POMPIGNOL.

Je le crois.

* Pompignol, Eusèbe, Pierrot, Pierrette.

1.

EUSÈBE, *continuant.*

D'ailleurs, dussé-je renoncer à mes opinions...

POMPIGNOL, *interrompant avec un air étonné.*

Vos opinions ! vous en avez donc ?

EUSÈBE, *embarrassé.*

Mais oui... ou plutôt...

POMPIGNOL, *sévèrement.*

Vous avez des opinions et vous n'en dites rien ?

EUSÈBE, *interloqué.*

C'est que j'en ai si peu.

POMPIGNOL.

Il n'est pas nécessaire d'en avoir beaucoup. Quelles sont vos idées en politique ?

EUSÈBE, *éperdu.*

Ah ! mon Dieu ! elles sont... mélangées.

POMPIGNOL, *sèchement.*

Je n'aime pas les mélanges.

EUSÈBE, *vivement.*

Ni moi ! ô ciel ! ni moi !

POMPIGNOL.

Il faut que l'on soit tout l'un ou tout l'autre.

EUSÈBE.

Je serai tout l'un, (*Le regardant avec inquiétude.*) à moins que vous ne préfériez que je sois tout l'autre.

POMPIGNOL.

Je le préfère.

EUSÈBE.

C'est fait.

POMPIGNOL.

Alors vous êtes ?...

EUSÈBE.

Eh bien !... je suis... je suis...

POMPIGNOL.

Je vous préviens que je suis féroce en politique, moi.

EUSÈBE, à part, avec désespoir.

Tout est perdu.

POMPIGNOL.

Féroce.

EUSÈBE, bas à Pierrette.

Quelle est sa couleur ?

PIERRETTE.

Je ne sais pas.

EUSÈBE, bas à Pierrot.

Quel est sa couleur ?

PIERROT, le regardant.

Il est brun.

EUSÈBE.

Imbécile !

POMPIGNOL.

On vous dira comment je me suis mortellement brouillé
avec le mari de ma propre sœur, monsieur de Fontenay,
qui me faisait opposition au conseil général.

EUSÈBE, bas à Pierrette.

Quelle est la couleur de monsieur de Fontenay ?

PIERRETTE.

Il est mort.

POMPIGNOL.

On se rappelle encore ma profession de foi quand je
me présentai à la députation.

EUSÈBE, bas à Pierrot.

Que disait-elle ?

PIERROT.

Je ne sais pas lire.

POMPIGNOL *.

J'allais réussir, je n'avais pas de concurrents. Il en sur-
git un... Qui ? mon beau-frère. Il m'injurie, il me vili-
pende, il me traîne dans la boue, c'était son droit ! Mais
il est nommé ; c'était trop fort.

* Pierrot, Pompignol, Eusèbe, Pierrot

PIERROT.

Oh! oui! oh! oui!

POMPIGNOL.

Je le rencontrai un jour, dans un salon; nous eûmes une violente discussion politique. Il m'appela...

Il s'arrête suffoqué par ce souvenir.

EUSÈBE, avec joie.

Ah! je vais connaître son drapeau.

POMPIGNOL.

Marchand de sardines!

EUSÈBE, déconcerté.

Non.

POMPIGNOL.

Parce que j'ai été négociant en denrées coloniales. Je répliquai, il répliqua. J'avais reçu une humiliation publique et je jurai que si jamais je faisais fortune .. avec les sardines, ni monsieur de Fontenay, ni son fils que je ne connais pas, ni aucun des siens, n'auraient un sou de moi. J'ai fait fortune, et je donne tout à la fille de mon frère.

EUSÈBE *.

C'est adorable! adorable!

POMPIGNOL.

Et je déshérite mon polisson de neveu.

EUSÈBE.

Je comprends ça... Oh! comme je comprends ça.

POMPIGNOL.

Voilà comme je suis, moi.

EUSÈBE.

Mais aussi peut-on penser comme monsieur de Fontenay?

POMPIGNOL.

Vous l'avez connu.

EUSÈBE.

Moi? non; je sens que nous nous serions querellés, j'aurai soutenu que... comme vous...

* Pompignol, Eusèbe, Pierrot, Pierrette.

POMPIGNOL.

Très-bien ; n'oubliez pas qu'il est interdit de prononcer chez moi le nom de monsieur de Fontenay.

EUSÈBE.

Oh ! non, non, je ne l'oublierai pas.

POMPIGNOL.

Maintenant nous pouvons aller à la ferme.

EUSÈBE.

Certes, certes, voici les parasols.

POMPIGNOL, en se dirigeant vers la porte, aperçoit la caisse.

Que fait là cette caisse ?

PIERROT, interloqué

Une caisse ! il y a une caisse ?

POMPIGNOL, regardant Pierrot et Pierrette.

Qui n'est pas à sa place... Pourquoi prenez-vous ces airs-là.

PIERRETTE.

Nous ne prenons pas d'air, monsieur.

POMPIGNOL, à Pierrot.

D'où vient-elle ?

PIERROT.

Je ne sais pas... je ne sais pas du tout.

POMPIGNOL.

Alors, ouvrez-la...

PIERROT, suffoqué.

L'ou... l'ou... Monsieur veut l'ou... l'ou...

POMPIGNOL*.

Eh bien... oui... l'ouvrir. (Pierrot enlève le couvercle.) Un bouquet !... de lilas blanc !...

Il prend le bouquet.

EUSÈBE, s'approchant.

Ah bah !

* Pierrot, Pompignol, Eusèbe, Pierrette.

POMPIGNOL, d'un ton sec.

Mon cher Sainte-Flore, je vous ai autorisé à poser votre candidature à la main de ma nièce, mais vous vous hâtez trop de lui envoyer des fleurs.

EUSÈBE, vivement.

Ce n'est pas moi.

POMPIGNOL.

Comment?

EUSÈBE.

Jamais... jamais je ne me serais permis sans votre... autorisation.

POMPIGNOL.

Ce n'est pas vous?

EUSÈBE.

Je le jure sur la tête de mes pères!

POMPIGNOL.

Qui donc alors?

EUSÈBE, s'approchant.

Ces fleurs viennent de Paris... je vous dirais la maison.

POMPIGNOL.

Il ne s'agit pas du marchand.

EUSÈBE, regardant toujours.

Est-ce que rien n'indique?... Mais si... mais si... il y a la facture.

POMPIGNOL, faisant un bond.

Un billet... n'y touchez pas. (Se retournant vers Pierrot et Pierrette avec un air terrible.) Je vous chasse tous les deux si vous ne m'apprenez à l'instant comment ce bouquet est entré chez moi.

PIERRETTE, effrayée.

Monsieur, Pierrot peut vous dire... Je ne sais pas.

PIERROT, éperdu.

C'est un jeune monsieur... que je ne connais pas.

POMPIGNOL, menaçant.

Qui s'est introduit ici?

PIERROT, de même.

Non!... oh! non. Il m'a seulement donné vingt francs
pour que je place ce bouquet en cachette... dans la
chambre de mademoiselle.

POMPIGNOL.

Hein!

PIERROT.

Il m'a dit comme ça... Mam'selle Cécile saura bien...
Alors moi j'ai cru...

POMPIGNOL, avec violence.

Taisez-vous... (A Pierrette.) Allez dire à ma nièce que nous
n'irons pas à la ferme.

PIERRETTE.

Oui, monsieur.

PIERROT, profitant de l'occasion pour s'esquiver *.

Oui, monsieur!

Il prend la caisse.

PIERRETTE, bas, en sortant.

Tu as fait là de la jolie besogne.

PIERROT.

Je ne pouvais pas deviner qu'il y avait un billet doux.

PIERRETTE.

Que t'es bête!... puisqu'il te donnait vingt francs.

Ils sortent par la gauche.

EUSÈBE, à Pompignol avec un air de componction.

Croyez, cher monsieur, que ce petit incident ne changera
rien... à mes sentiments.

POMPIGNOL.

Voulez-vous me rendre un service?

EUSÈBE.

Avec joie.

POMPIGNOL.

Prenez la pouliche...

EUSÈBE, avec effroi.

La sauteuse!

* Pierrot, Pierrette, Eusèbe, Pompignol.

POMPIGNOL.

Et allez, à ma place, voir ce qui se passe à la ferme...

EUSÈBE.

Avec orgueil, mais je préférerais y aller à pied.

POMPIGNOL.

Allez à pied...

EUSÈBE, reprenant.

Mon titre...

POMPIGNOL.

Mais hâtez-vous alors.

EUSÈBE *.

Ma personne... (Avec émotion.) Plus que jamais, plus que jamais!

POMPIGNOL.

Merci, mon cher monsieur de Sainte-Flore, merci.

EUSÈBE, sortant triomphant, au fond, à droite.

Il est ravi de ma délicatesse, la dot est à moi.

POMPIGNOL, seul, avec colère, marchant à grands pas et posant le bouquet sur le guéridon.

Du lilas blanc! en cette saison!... Il a du goût, ce butor...

Il se retire vivement dans le fond, de façon que Cécile entre sans le voir.

SCÈNE IV

POMPIGNOL, CÉCILE, PIERROT.

CÉCILE, entrant gaîment, suivie de Pierrot.

Mais ne prenez pas cet air navré, Pierrot, pour me dire que monsieur de Sainte-Flore ira à la ferme sans moi...

PIERROT.

C'est que, mademoiselle.

* Pompignol, Eusèbe.

CÉCILE, riant.

Je m'en consolerai, je vous assure que je m'en consolerai. (Apercevant le bouquet.) Ah! du lilas blanc. (Avec joie.) Il ne m'a pas oubliée!...

Elle embrasse le bouquet.

POMPIGNOL, au fond.

Hein !

PIERROT, atterré en voyant Pompignol.

Oh ! (Il se sauve par le perron.) Que va-t-il se passer? mon Dieu!

CÉCILE, sans voir personne, sautant de joie.

Il ne m'a pas oubliée!... (Apercevant Pompignol.) Ah! mon oncle!...

Elle reste confuse.

POMPIGNOL.

Te voilà bien joyeuse?...

CÉCILE.

Oh ! oui, mon oncle.

POMPIGNOL.

Quel magnifique bouquet tu as là!

CÉCILE.

Je l'ai trouvé sur cette table, et j'ai supposé qu'il était pour moi.

Elle remet le bouquet sur la table.

POMPIGNOL.

Pour qui serait-il?

CÉCILE, affectant un air indifférent.

Vous avez donc renoncé à notre promenade ?

POMPIGNOL, stupéfait *.

Elle change la conversation... (Haut.) Oui, je me suis fait remplacer par cet excellent Sainte-Flore.

CÉCILE.

Ah !

POMPIGNOL, s'asseyant à gauche de la table.

Je voulais causer sérieusement avec toi.

CÉCILE.

Ah! ah! causez, mon oncle, je vous écoute.

Elle regarde malgré elle son bouquet, et Pompignol, très intrigué, ne la perd pas des yeux.

POMPIGNOL, avec une brusquerie comique.

Je connais mes défauts, moi, je ne suis pas aimable.

CÉCILE.

Pas aimable, oh! mon oncle. (*En le câlinant.*) Ce n'est pas moi qui ai dit cela.

POMPIGNOL.

On ne m'appelle que le Sanglier.

CÉCILE.

C'est qu'on ne vous connaît pas.

POMPIGNOL.

Je n'ai pas avec toi l'expansion nécessaire : je te fais peur.

CÉCILE, allant s'asseoir sur ses genoux.

Peur, vous voyez bien que non. (*Riant.*) Oh! mais... vous vous flattez, monsieur mon oncle.

POMPIGNOL.

Si tu avais une confidence à faire, ce n'est pas à moi que tu la ferais?

CÉCILE.

C'est à vous, au contraire, à vous seul.

POMPIGNOL.

Oh! oh!... (*Il s'arrête, elle ne dit rien.*) Je t'ai dit que je voulais chercher pour toi un mari.

CÉCILE, gaîment.

Digne de ma jolie petite personne! j'ai la plus grande confiance dans votre bon goût.

POMPIGNOL.

J'aurais dû, au moins, te demander si tu n'avais pas quelque préférence.

CÉCILE, vivement, se levant.

Je n'en ai aucune.

POMPIGNOL.

Tu me permettras donc de choisir seul ?

CÉCILE.

N'êtes-vous pas mon seul parent ? je n'ai plus que vous au monde... vous et mon cousin Philippe...

POMPIGNOL, brusquement, en la repoussant et en se levant.

Je t'ai défendu de prononcer ce nom-là.

CÉCILE.

Oui, oui... mais vous êtes bien forcé d'avouer que je suis sa cousine...

POMPIGNOL, avec impatience.

Sa cousine !...

CÉCILE.

Et que vous êtes bien un peu son oncle.

POMPIGNOL, de même.

Je ne suis rien pour ce monsieur, et je ne sais pourquoi tu te plais de temps en temps à m'exaspérer à propos de ce personnage.

CÉCILE, avec reproche.

Ce personnage!... mais je ne veux pas vous exaspérer. Seulement vous êtes si bon pour moi !...

POMPIGNOL, de même.

Revenons à ce que nous disions... tu m'as interrompu... Je te parlais...

Il s'assied à droite de la table.

CÉCILE, regardant le bouquet sur la table.

De mon mariage... de... (Elle voit le billet.) Ah !

POMPIGNOL, qui suit de l'œil tous ses mouvements.

Qu'as-tu ?

CÉCILE.

Rien, mon oncle, rien. (Tout en causant, elle prend le billet, le retourne dans ses mains sans le montrer et finit par l'entr'ouvrir en cachette.) Quand nous causions mariage en pension, il me semblait que c'était tout simple, et qu'il n'était pas nécessaire de réfléchir longtemps pour deviner si un monsieur ferait un bon mari, tandis que maintenant, je suis bien heureuse de vous avoir.

Elle parcourt le billet, croyant que son oncle ne la voit pas.

POMPIGNOL.

Vraiment ? tu es bien heureuse de...

CÉCILE, à part.

Ah ! mon Dieu !

Elle referme le billet et le fait disparaître.

POMPIGNOL, interdit.

Hein ? (Haut.) Qu'as-tu encore ?...

CÉCILE, très-troublée.

Je dis : ah ! mon Dieu... que je suis sotte de bavarder ainsi !... je retiens mon oncle qui est si occupé.

POMPIGNOL.

Tu veux me renvoyer ?

CÉCILE.

Pas tu tout, pas du tout, seulement je songe que vous vous faites remplacer à la ferme par monsieur de Sainte-Flore...

POMPIGNOL, à part.

Elle veut me renvoyer.

CÉCILE.

Il est très-bien, monsieur de Sainte-Flore, il est tout à fait bien ; seulement je vous préviens qu'il n'entend rien, oh ! mais absolument rien, à l'agriculture.

POMPIGNOL.

Alors tu me conseilles d'aller le surveiller ?

CÉCILE.

Oui, oh ! oui !

POMPIGNOL, se levant.

J'y vais. (La regardant avec stupeur.) C'est à n'y pas croire.

CÉCILE *.

Courez, mon oncle, courez.

POMPIGNOL.

Alors je lui dirai : Cécile ne sait pas qui lui a envoyé ses fleurs.

*Pompignol, Cécile.

CÉCILE, vivement.

Oh! monsieur de Sainte-Flore... vous lui direz...

POMPIGNOL, continuant.

Il n'y avait pas le moindre billet.

CÉCILE.

Vous lui direz : Monsieur, je réponds de ma nièce!

POMPIGNOL.

C'est que je voudrais bien alors avoir une preuve.

CÉCILE.

En voici deux.

Elle l'embrasse sur les deux joues.

POMPIGNOL, à lui-même.

J'ai pourtant vu la lettre... Je vois le bouquet... Pierrot a reçu vingt francs; elle m'envoie à la ferme... c'est qu'il viendra par le parc.

CÉCILE.

Eh bien, mon oncle ?

POMPIGNOL.

J'y vais...

CÉCILE.

Est-ce que vous voulez encore des preuves?

POMPIGNOL.

Oui.

CÉCILE, riant.

Vous les aurez en revenant.

POMPIGNOL, à part.

Et elle cache son trouble avec une aisance... Je ne suis pas de force à lutter avec cette ingénue-là, moi. Je vais me mettre en faction à la grille du parc !... et le premier qui...

Il sort par le fond à gauche.

SCÈNE V

CÉCILE, puis PIERROT et PIERRETTE.

CÉCILE, seule.

Enfin il est parti ! (Elle regarde une pendule dans la maison.) Trois heures moins vingt ! Je n'avais plus que vingt minutes ! (Appelant.) Pierrot ! Pierrette !

Pierrette paraît à gauche, avançant curieusement la tête, Pierrot entre à gauche tout tremblant.

PIERRETTE.

Mam'selle a appelé ?

PIERROT.

Mademoiselle me demande ?

CÉCILE *.

Approchez tous les deux. (Ils avancent étonnés.) Puis-je compter sur vous ?

PIERROT et PIERRETTE.

Oui, mam'selle.

CÉCILE.

Êtes-vous capables de garder un secret ?

PIERRETTE, joyeuse.

Oh ! oui, mam'selle.

PIERROT, complétement rassuré.

Et plutôt deux qu'un.

CÉCILE.

Il se présentera tout à l'heure, à la porte du château, un jeune homme...

PIERROT et PIERRETTE.

Bon !

CÉCILE.

Je ne veux pas que mon oncle sache qu'il est venu.

* Pierrette, Cécile, Pierrot.

SCÈNE CINQUIÈME

PIERRETTE, finement.

Je comprends.

PIERROT, de même.

Le monsieur du bouquet ?

CÉCILE, étonnée.

Vous le connaissez?

PIERROT, avec orgueil.

Je crois bien, c'est moi qui ai eu l'honneur d'apporter la caisse...

PIERRETTE, vivement.

Et il n'a pas seulement su la cacher !...

PIERROT.

Comment pas su ?

PIERRETTE.

Puisque monsieur l'oncle l'a trouvée.

PIERROT.

Parce que tu m'as bousculé.

CÉCILE, interrompant leur discussion.

Il ne s'agit pas de cela.

PIERRETTE.

Si ça avait été moi.

CÉCILE.

Laissez-moi achever : le temps presse.

PIERROT et PIERRETTE.

Oui, mam'selle.

CÉCILE.

Quand ce jeune homme se présentera...

PIERROT et PIERRETTE, reprenant d'un air fin.

Oui, mam'selle !

CÉCILE.

Vous lui répondrez que je suis absente, que mon oncle est absent, que tout le monde est absent.

PIERROT et PIERRETTE, étonnés.

Ah !

CÉCILE.

Il insistera ; alors vous lui direz de ma part...

PIERROT.

De revenir plus tard.

CÉCILE.

Mais non, mais non, pas du tout, au contraire, je ne veux pas ..

Philippe qui a paru au fond, s'avance à pas de loup, sans qu'on s'aperçoive de sa présence.

PHILIPPE, embrassant Cécile sur le cou.

Bonjour, ma cousine.

CÉCILE, effrayée.

Hein !

PIERROT et PIERRETTE.

Oh!

SCÈNE VI

LES MÊMES, PHILIPPE *.

CÉCILE.

C'est vous ?

PHILIPPE.

Tu n'as pas vu mon billet ?

CÉCILE.

Si, monsieur, si, je l'ai vu.

PHILIPPE.

Eh bien ?

CÉCILE.

Comment, eh bien ?

PHILIPPE.

Je suis exact.

Pierrette fait mine de se retirer discrétement pour les laisser seuls.

* Pierrette, Cécile, Philippe, Pierrot.

SCÈNE SIXIÈME

CÉCILE.

Pierrette.

PIERRETTE.

Mam'selle !

CÉCILE.

Ne sortez pas.

PIERRETTE.

Bien, mam'selle.

Elle reste en affectant de ne pas les déranger.

CÉCILE, à Philippe.

Vous allez repartir.

PHILIPPE.

Repartir !

CÉCILE.

Pour Paris, à l'instant même.

PHILIPPE, gaiement en lui prenant la main.

Tu ne veux pas que je te souhaite ta fête ?

PIERROT, à part.

Il la tutoie !

CÉCILE, avec dignité.

Je vous le défends. (Il lui retient les mains malgré elle ; Pierrot, en homme discret, se retire en détournant la tête.) Pierrot, où allez-vous ?

PIERROT.

Moi ? je... je vais... je...

CÉCILE.

Restez.

PIERROT.

Oui, mam'selle.

Il reste, se tenant avec affectation à l'écart, comme Pierrette, pour ne pas les gêner.

PHILIPPE, regardant Cécile avec tendresse et ne s'apercevant de rien.

Tu te portes à merveille, tu as une mine charmante.

CÉCILE.

Je vous prie d'être sérieux !... Il s'agit bien de ma fête !... Comment avez-vous osé venir ?

PHILIPPE.

Voyons, ma petite Cécile, ne te fâche pas.

CÉCILE.

Ne pas me fâcher!... Depuis un an je cherche à gagner la confiance de mon oncle, je flatte ses goûts, je comble d'amabilités tous les gens qu'il reçoit, je fais des prodiges de diplomatie, dans l'espoir que je pourrai peut-être un jour vous faire rentrer en grâce.

PHILIPPE.

Je ne t'avais pas prié de cela.

CÉCILE.

Et vous venez vous exposer à tout gâter par votre présence!

PHILIPPE.

Tu m'avais promis de m'écrire...

CÉCILE.

Si mon oncle m'y autorisait.

PHILIPPE.

Et il te le défend?

CÉCILE.

Je ne lui ai pas encore demandé, j'attendais une occasion.

PHILIPPE.

Elle n'arrivera jamais.

CÉCILE.

Oh! certes, s'il vous trouve ici?

PHILIPPE.

Il t'interdit de me voir, il te séquestre, il te martyrise...

CÉCILE.

Moi!

PHILIPPE.

J'en étais sûr. Et voilà pourquoi je suis venu; tu auras au moins un défenseur.

CÉCILE.

Veux-tu bien te taire!

PHILIPPE.

Avoue que tu n'es pas heureuse.

CÉCILE.

Mais si... mais si...

PHILIPPE.

Non, non, je le connais, le cher oncle, je n'ai pas oublié ses absurdes querelles avec mon père, c'est un caractère intraitable.

CÉCILE, avec énergie.

Et moi je vous déclare qu'il est excellent pour moi, qu'on ne peut pas être plus affectueux, plus tendre, plus dévoué.

PHILIPPE.

Vraiment?

CÉCILE.

Et je suis chez lui complétement heureuse.

PHILIPPE.

Mais je vais l'aimer alors.

CÉCILE.

Maintenant que vous savez ce que vous vouliez savoir, repartez pour Paris.

PHILIPPE.

Laisse-moi rester au moins jusqu'à ce soir, j'ai bien le droit de te faire une visite.

CÉCILE.

Il te déteste.

PHILIPPE.

Je ne lui demande pas de m'adorer. Nous nous détesterons tant qu'il voudra, mais il y a chez lui une petite personne très-gentille, que j'aime bien, qui est ma cousine. Je veux avoir la permission de l'embrasser le jour de sa fête.

CÉCILE.

Et moi, monsieur, j'ai juré de ne vous recevoir que lorsque vous auriez fait la paix avec mon tuteur.

PHILIPPE.

Alors faisons-la tout de suite.

CÉCILE.

Tout de suite?

PHILIPPE.

Où est-il? (Appelant.) Mon oncle!

CÉCILE.

Es-tu fou?

PHILIPPE.

Non pas, je demande à le voir.

CÉCILE.

Mais vous ne resteriez pas deux minutes ensemble sans vous quereller.

PHILIPPE.

Laisse-moi essayer.

CÉCILE.

Tu as un très-mauvais caractère, toi!

PHILIPPE.

Je suis capable de tous les sacrifices, et mon oncle serait encore cent fois plus absurde...

PIERRETTE, accourant avec fracas.

Voici monsieur Pompignol!

PIERROT, de l'autre côté, du ton d'un homme qui ferait le guet.

Monsieur Pompignol!

CÉCILE.

Il revient! Que faire?

PIERRETTE.

Il faut que monsieur se cache.

CÉCILE.

Ah! non, non, j'aime encore mieux qu'on le voie!... Si j'avais pu seulement te donner mes instructions.

PHILIPPE.

Tu me feras signe quand je dirai ce qu'il ne faut pas dire.

CÉCILE.

Vous lui ferez signe aussi, Pierrot, et vous, Pierrette.

PIERROT et PIERRETTE.

Oh! oui, mam'selle.

CÉCILE.

Le voici, je suis plus morte que vive.

SCÈNE VII

LES MÊMES, POMPIGNOL *.

POMPIGNOL, entrant, s'arrêtant stupéfait à la vue de Philippe.

Ah! (A part.) J'aurais attendu longtemps à la grille du
parc.

CÉCILE, faisant un effort pour retrouver son calme.

Mon oncle, permettez-moi de vous présenter monsieur
Philippe de Fontenay.

POMPIGNOL.

Comment?

CÉCILE, tremblante.

Mon cousin!..

POMPIGNOL, furieux, mais se contenant.

C'est vous, monsieur de Fontenay?

PHILIPPE.

Oui, monsieur.

CÉCILE.

Le fils de votre sœur.

PHILIPPE.

Oui, mon oncle.

POMPIGNOL.

En effet, je retrouve...

CÉCILE.

Qui vient vous voir.

POMPIGNOL.

Moi?

* Pierrette, Pierrot, Pompignol, Cécile, Philippe.

2.

CÉCILE, bas à Philippe.

Parlez donc.

PHILIPPE.

Oui, mon oncle, oui.

CÉCILE.

Il vous apporte ses excuses.

PHILIPPE, vivement.

Mes exc...

CÉCILE, bas en l'interrompant.

Tu recules déjà?

POMPIGNOL.

Ah! ah!

CÉCILE.

Il désavoue tout.

PHILIPPE.

Mais... (Sur un signe de Cécile.) oui, mon oncle, oui.

POMPIGNOL, à Philippe.

Voilà une démarche qui a dû vous coûter beaucoup.

CÉCILE.

Pas le moins du monde. (A Philippe.) N'est-ce pas?

PHILIPPE.

Pas le moins du monde.

POMPIGNOL.

Alors elle n'est pas sincère.

CÉCILE.

Mais si, très-sincère, n'est-ce pas?

PHILIPPE.

Je la fais avec joie.

POMPIGNOL, sèchement.

Je n'aime pas les exagérations.

PHILIPPE.

Mon oncle... (Sur un signe de Cécile, avec douceur.) **Je les déteste**
aussi.

CÉCILE, bas à Pompignol.

Il n'est plus ce qu'il était. Il a des qualités... (Pompignol fronce le sourcil.) Pas beaucoup, oh! pas beaucoup, mais quelques-unes, je vous assure, étudiez-le.

POMPIGNOL *.

C'est inutile. (A Philippe.) Si vous êtes venu pour moi, monsieur, je serai bien forcé de vous recevoir.

CÉCILE, bas.

Oh! merci, mon oncle.

POMPIGNOL.

Puisqu'il n'y a pas d'auberge dans le pays; je vous préviens seulement que mon château est en réparations.

PHILIPPE.

Ne vous dérangez pas.

POMPIGNOL.

Si, monsieur, si, je me dérangerai, cela me sera désagréable.mais je me dérangerai, puisque vous avez cru devoir venir.

PHILIPPE.

Vous me désoleriez.

POMPIGNOL.

Je me mettrai en quatre, moi qui aime à ne pas me gêner. (A Cécile.) Tu feras préparer une chambre pour monsieur de Fontenay.

CÉCILE.

Oui, mon oncle.

POMPIGNOL.

Dans la tour, sur le bord de l'étang... c'est très-pittoresque. (A Philippe.) Vous ne craignez pas l'humidité?...

PHILIPPE.

Si, si, au contraire, je suis précisément très-sensible... (Cécile, Pierrot et Pierrette lui font des signes.) Je... j'adore le brouillard.

POMPIGNOL.

Très-bien, aimez-vous aussi le chant du coq?

* Pierrette, Pierrot, Cécile, Pompignol, Philippe.

PHILIPPE.

Non, oh! non... j'avoue... (Cécile, Pierrot et Pierrette lui font des signes.) Le chant du coq! c'est adorable quand on commence à s'endormir.

Cécile va s'asseoir près de la table.

POMPIGNOL *.

Vous en aurez dix-sept sur votre tête.

PHILIPPE.

Un concert alors, je serai ravi.

POMPIGNOL.

Comment déjeunez-vous?

PHILIPPE.

Oh! la moindre des choses, un beefsteack, une aile de poulet, une omelette... (Cécile, Pierrot et Pierrette lui font des signes qu'il ne comprend pas.) La moindre des choses.

POMPIGNOL.

Vous ne vous contenteriez pas d'un œuf à la coque?

PHILIPPE.

Ah! non, ah! non, par exemple... (Cécile, Pierrot et Pierrette recommencent leurs signes.) Mais un œuf!

POMPIGNOL.

Vous auriez tort, rien n'est plus hygiénique. Un médecin de mes amis ne mangeait pas autre chose... et il prouvait qu'on deviendrait très-vieux en suivant son régime.

PHILIPPE.

Très-vieux!

POMPIGNOL.

Oui, très-vieux.

PHILIPPE, souriant.

Peste!

POMPIGNOL.

Malheureusement il est mort jeune.

PHILIPPE.

Mais s'il est mort jeune!

* Pierrette, Pierrot, Pompignol, Philippe, Cécile.

POMPIGNOL.

Voulez-vous me contredire.

PHILIPPE.

Moi... (Cécile, Pierrot et Pierrette lui font des signes désespérés.) Non, mon oncle, non.

POMPIGNOL, agressif.

Si vous y tenez, ne vous gênez pas.

PHILIPPE.

Permettez!... (Sur un signe de Cécile.) Permettez-moi d'être de votre avis.

POMPIGNOL.

C'est que je ne fuis pas la discussion, moi.

PHILIPPE.

Je le vois bien.

POMPIGNOL.

Vous dites ?

PHILIPPE.

Je mangerai mon œuf avec joie, dans le brouillard, au chant du coq, très-heureux de votre excellent accueil.

POMPIGNOL.

Excellent ! (A part.) Est-ce qu'il me raille.

CÉCILE, bas à Philippe, en lui prenant la main.

C'est très-bien.

POMPIGNOL, qui est remonté, regardant dans le fond.

Eh! mais voilà Sainte-Flore, le jeune Sainte-Flore qu'on me rapporte.

CÉCILE.

On le rapporte ?

POMPIGNOL.

Allez, Pierrot ! allez, Pierrette, allez vite.

Pierrot et Pierrette sortent en courant.

PHILIPPE, étonné, regarde Cécile.

Sainte-Flore.

CÉCILE, avec un léger embarras.

C'est un ami de mon oncle.

PHILIPPE *.

Un jeune homme ?

POMPIGNOL, à Philippe.

Vous faites des observations ?

PHILIPPE.

Pas la moindre.

POMPIGNOL.

A votre place, monsieur, j'aurais déjà volé au secours
de ce malheureux.

PHILIPPE.

J'y vole, j'y vole.

POMPIGNOL.

C'est inutile maintenant.

PHILIPPE.

Pourquoi ?

POMPIGNOL.

Voici Pierrette qui revient.

PIERRETTE, entrant tout émue.

Ah ! le pauvre monsieur, il va mieux ! Des paysans
l'ont trouvé évanoui sur le bord du chemin et ils l'ont
rapporté.

POMPIGNOL.

Qu'on lui donne un potage et une côtelette.

PIERRETTE, étonnée.

Hein !

POMPIGNOL.

Vous n'avez pas entendu ?

PIERRETTE.

Oh ! si, monsieur, si. (A part.) C'est lui   qui épousera
mademoiselle.

Elle sort par le perron.

POMPIGNOL, à Philippe. Il s'assied.

C'est un jeune homme charmant, extrèmement distin-

* Philippe, Pompignol, Cécile.

gué, que j'ai accueilli comme prétendant à la main de
ma nièce.

PHILIPPE.

Hein ?

Il regarde Cécile qui baisse les yeux.
POMPIGNOL, vivement.

Cela vous déplaît.

PHILIPPE.

Mais... (Cécile lui fait un signe.) Non, non, pas du tout.

POMPIGNOL.

Cécile le trouve très-bien... n'est-ce pas Cécile ?

CÉCILE.

Oui, mon oncle, oui.

PHILIPPE.

Ah !

POMPIGNOL.

Vous faites des objections?

PHILIPPE.

Je n'ai rien dit.

POMPIGNOL, à Cécile.

Je te permets d'aller veiller toi-même à ce que rien ne
manque à notre excellent Sainte-Flore.

Il se lève.
CÉCILE, hésitant.

J'y vais, mon oncle. (Elle sort en faisant des recommandations
muettes à Philippe. A part en sortant.) Mais je vais faire revenir
Pierrot et Pierrette.

SCÈNE VIII

POMPIGNOL, PHILIPPE.

POMPIGNOL, à part.

C'est étonnant comme il ressemble à sa mère, ce gamin-
là. (Haut.) Je vois avec plaisir, monsieur, que vous reconnaissez vos torts envers moi.

PHILIPPE.

Oui, mon oncle.

POMPIGNOL.

Et ceux de votre père ?

PHILIPPE.

Je n'ai point parlé de mon père.

POMPIGNOL.

Alors, vous l'approuvez ?

PHILIPPE, gaiment.

Non, non, n'essayez pas, c'est inutile ; je suis décidé à
ne pas vous contrarier, je vous en préviens.

POMPIGNOL.

Alors, vous vous moquez de moi.

PHILIPPE.

Ne vous fâchez pas, je vous en prie, je supporterais
tout.

POMPIGNOL.

Avez-vous juré de m'exaspérer ?

PHILIPPE.

Si vous voulez me battre, je vais vous tendre le dos, vous
n'aurez aucun mérite.

POMPIGNOL.

Êtes-vous donc venu chez moi pour me braver ?

PHILIPPE.

Je suis venu parce que vous êtes excellent, parce que
votre conduite envers ma cousine est admirable. (Pompignol
veut parler, il ne lui en laisse pas le temps.) Je sais tout ; un père
ne serait pas plus tendre et plus affectueux pour elle.

POMPIGNOL.

Mais, monsieur. .

PHILIPPE.

Et vous avez raison. Si vous avez quelqu'un au monde
qui soit digne de votre tendresse, c'est bien Cécile ; mais
tout ce que vous faites pour elle m'a ému, et quand je
suis ému, moi, je deviens bête comme un mouton.

POMPIGNOL.

C'est-à-dire, monsieur...

PHILIPPE, vivement.

C'est-à-dire que vous ne m'en voudrez pas si, de mon côté, j'aime Cécile comme ma sœur. Eh bien! je trouve cruel de rester un an sans la voir et de n'être plus pour elle qu'un étranger.

POMPIGNOL.

Ce n'est donc pas pour moi que vous venez ?

PHILIPPE.

Non, mon oncle. Ainsi vous n'avez pas à vous préoccuper de ce que je suis ou de ce que je vaux. Je ne réclame pas votre affection, n'ayant rien fait pour la mériter, je vous supplie d'oublier que je suis votre neveu et de me laisser... venir... quelquefois... comme un indifférent.

POMPIGNOL.

Il n'y a pas d'indifférent avec moi.

PHILIPPE.

Ce ne sera pas pour longtemps, sans doute, puisque vous songez déjà à marier ma cousine. Elle me paraissait bien jeune.

POMPIGNOL.

Vous me blâmez ?

PHILIPPE.

Non, je vous comprends ; elle est orpheline, vous n'êtes que son oncle ; et puisque monsieur Sainte-Flore est parfaitement bien...

POMPIGNOL.

Accompli.

PHILIPPE.

Alors...

POMPIGNOL *.

Le voici.

PHILIPPE.

Cela !

* Philippe, Pompignol.

POMPIGNOL.

Comment cela! N'oubliez plus, monsieur, qu'il est agréé par moi et qu'il plaît à ma pupille.

SCÈNE IX

LES MÊMES, EUSÈBE*.

EUSÈBE, sur le perron, serviette à la boutonnière et verre de bordeaux à la main.

C'était une défaillance; je viens de prendre un potage excellent, deux doigts de ce vin excellent, et me voilà tout à fait bien. Je tenais à vous rassurer moi-même, mon cher Pompignol.

POMPIGNOL, affectant l'amabilité.

Merci, merci, mon bon Sainte-Flore.

EUSÈBE.

Maintenant, je vais manger une côtelette, puisque vous le permettez.

POMPIGNOL, de même.

Je l'exige. (Bas à Philippe.) Quelle jolie nature!

PHILIPPE.

Vous trouvez?

POMPIGNOL.

Mais attendez donc que je vous présente mon neveu Philippe de Fontenay.

EUSÈBE, à part, descendant.

Hein? Est-ce qu'ils se sont réconciliés? Ce serait bête. (Haut.) Alors c'est monsieur qui aurait envoyé le bouquet?

PHILIPPE.

Oui, monsieur.

POMPIGNOL.

Vous l'avez deviné.

* Philippe, Pompignol, Eusèbe.

PHILIPPE.

M'est-il interdit d'offrir à ma cousine les fleurs qu'elle
aime?

EUSÈBE.

Mais il y avait un billet... oh! il y avait un billet.

PHILIPPE, sèchement.

Oui, monsieur.

POMPIGNOL, raillant.

Mais vous avez eu tort de vous alarmer, monsieur de
Sainte-Flore. J'ai interrogé Cécile; mon neveu n'est pas à
craindre.

EUSÈBE.

Je vous ai dit que rien ne m'arrêterait.

POMPIGNOL.

Je le sais, Sainte-Flore.

EUSÈBE.

J'aurais voulu, pour vous prouver jusqu'où je pousse
la délicatesse...

POMPIGNOL.

Que ma nièce fût coupable?

EUSÈBE.

Oui, c'est-à-dire... non. Vous me comprenez...

POMPIGNOL, bas à Philippe.

Quelle jolie nature !

PHILIPPE, stupéfait.

Vous trouvez?

POMPIGNOL, à Eusèbe.

Sainte-Flore, vous êtes un brave cœur.

EUSÈBE, saluant et portant sa serviette sur son cœur.

Oh! ah! vous me comblez.

POMPIGNOL.

Et j'espère que mon neveu deviendra votre meilleur
ami.

PHILIPPE.

Moi?

EUSÈBE, à part.

Ah! mais non! ah! mais non!

POMPIGNOL.

Vous lui donnerez des conseils... sur la façon de s'ha
biller, par exemple...

PHILIPPE.

Comment?

POMPIGNOL.

Voyez donc, Sainte Flore, comme il est fagoté.

PHILIPPE, se retenant.

Mon oncle!

POMPIGNOL, à Philippe.

Quel tailleur de sauvages avez-vous donc?

Il remonte.

EUSÈBE.

Oui, oui, tailleur... sauvage, c'est le mot... c'est...

PHILIPPE, l'arrêtant brusquement.

Pardon, monsieur, je veux bien que mon oncle rie à
mes dépens, mais je ne donne pas cette permission à tout
le monde.

EUSÈBE, interloqué.

Je ne ris pas, monsieur; croyez bien que mes inten-
tions...

PHILIPPE.

Je peux paraître ridicule à mon oncle, (Très-violemment.)
mais à vous, monsieur, ce serait trop fort.

EUSÈBE, bas à Pompignol.

Il me cherche querelle.

POMPIGNOL, à Philippe.

N'oubliez pas, monsieur, que monsieur de Sainte-
Flore sera peut-être un jour votre cousin.

EUSÈBE.

C'est mon vœu le plus cher.

PHILIPPE.

Si cela arrive jamais, je saurai ce que j'ai à faire...
mais jusque-là

POMPIGNOL.

Je n'aime pas les querelleurs.

PHILIPPE, se contenant à peine.

Mon oncle, je prévenais charitablement monsieur que ma patience a des bornes.

POMPIGNOL.

Personne n'a le droit d'être impatient ici que moi.

PHILIPPE.

Mais...

EUSÈBE.

Parfait! parfait! (A part.) Ils sont plus brouillés qu'avant. (Haut.) Vous me permettrez d'aller manger ma côtelette.

POMPIGNOL.

Allez donc, chez ami, allez donc. Ne prenez pas mon neveu au sérieux.

PHILIPPE, exaspéré.

Pas au sérieux!

EUSÈBE, s'esquivant par le perron.

Ça aurait été trop bête!

PHILIPPE.

Monsieur, répétez donc.

SCÈNE X

POMPIGNOL, PHILIPPE, PIERROT, PIERRETTE.

POMPIGNOL, se retournant sans sourciller vers Philippe *.

Quelle jolie nature !

PHILIPPE.

Vous ne songez pas à ce monsieur pour Cécile.

Pierrot et Pierrette ne cessent de lui faire signe pour l'interrompre.

* Pierrot. Philippe, Pompignol, Pierrette.

POMPIGNOL, raillant.

Mon projet n'a pas votre assentiment ?

PHILIPPE.

Non, mon oncle, non, pas du tout.

POMPIGNOL.

Je m'en passerai donc.

PHILIPPE, résolûment.

Vous ne vous en passerez pas.

POMPIGNOL.

En voilà bien d'une autre.

PHILIPPE.

Il ne s'agit plus de moi, maintenant, il s'agit de ma cousine.

POMPIGNOL, avec raideur.

Je marierai ma pupille comme il me plaira.

PHILIPPE.

C'est ce que nous verrons.

POMPIGNOL.

Je suis son tuteur.

PHILIPPE.

Raison de plus pour que vous m'écoutiez quand il s'agit de l'avenir de votre pupille.

POMPIGNOL.

Je ne vous écouterai pas.

PHILIPPE.

Eh bien, vous prouverez encore une fois que vous avez un abominable caractère.

POMPIGNOL.

Hein ?

PIERROT et PIERRETTE.

Oh !

Pierrot le tire d'un côté par le pan de sa redingote. — Pierrette tire Pompignol de l'autre côté, ils ne remarquent rien.

PHILIPPE.

Vous rougissez d'être bon et généreux ?

POMPIGNOL.

C'est trop fort.

PHILIPPE.

Vous êtes méchant et têtu par esprit de contrariété.

PIERROT et PIERRETTE.

Oh !

POMPIGNOL.

Monsieur !

PHILIPPE.

Et avec toute votre affection pour votre pupille vous ne réussirez qu'à faire son malheur.

POMPIGNOL.

Taisez-vous, monsieur, taisez-vous.

PHILIPPE.

Vous trouvez charmant de vous faire appeler le Sanglier.

PIERROT et PIERRETTE, ahuris de tant d'audace.

Oh !

POMPIGNOL.

Monsieur !

PHILIPPE.

Et il suffit qu'un imbécile comme monsieur de Sainte-Flore soit à vos genoux. (Pierrot et Pierrette le tirent encore plus fort.) Que me voulez-vous donc, vous autres ?

Ils restent interloqués.

POMPIGNOL, avec colère.

Que faites-vous ici ?

PIERROT.

Rien, monsieur, rien.

PIERRETTE, en sortant.

C'est pourtant pas notre faute.

Ils sortent tous les deux effrayés du regard de Pompignol.

POMPIGNOL.

Vous me contestez le droit de diriger comme je l'entends l'avenir de Cécile. Dites-moi donc ce que vous pouvez faire pour son bonheur, vous qui n'avez ni fortune, ni position, ni famille.

PHILIPPE.

Je ne peux rien, sans cela ma cousine ne resterait pas une heure chez vous. Il faut qu'elle y reste, je partirai seul ; mais au moins je vous ai dit ce que personne n'a encore osé vous dire. Adieu, monsieur.

Il sort par la gauche.

SCÈNE XI

POMPIGNOL, puis CÉCILE.

POMPIGNOL, furibond.

Monsieur... A-t-on jamais vu ? (*Après réflexion.*) Il viendra me demander pardon... c'est alors que je le renverrai par les épaules.

CÉCILE, passe sa tête, inquiète, et paraît étonnée de voir Pompignol seul *.

CÉCILE.

Philippe n'est pas là ?

POMPIGNOL.

Non, il te cherche.

CÉCILE, gaîment.

J'ai le temps de le voir. Eh bien ?

POMPIGNOL.

Quoi ?

CÉCILE.

Comment cela s'est-il passé ?

POMPIGNOL.

Parfaitement.

CÉCILE, avec joie.

Ah ! vous l'avez trouvé soumis ?

POMPIGNOL.

Tout à fait soumis.

* Pompignol, Cécile.

CÉCILE.

N'est-ce pas qu'il est très-doux ?

POMPIGNOL.

Extrêmement doux.

CÉCILE.

Et qu'il ne ressemble pas à son père ?

POMPIGNOL.

Pas du tout. (A part.) C'est tout son portrait.

CÉCILE, avec joie.

Alors, vous êtes content de lui ?

POMPIGNOL.

Très-content.

CÉCILE.

Eh bien, maintenant, quand vous voudrez me marier,
vous direz à mon futur...

POMPIGNOL.

Monsieur de Sainte-Flore.

CÉCILE.

Monsieur de Sainte-Flore ou un autre, je ne tiens pas
particulièrement à monsieur de Sainte-Flore, vous lui
direz : mon cher monsieur, je vous ai prévenu que je don-
nais en dot à ma nièce Cécile... Combien me donnez-vous
en dot ?

POMPIGNOL.

Douze cent mille francs.

CÉCILE.

Douze cent mille francs ; mais j'ai commis une petite
erreur dans mes calculs.

POMPIGNOL.

Moi ?

CÉCILE.

J'ai oublié mon neveu.

POMPIGNOL.

Comment ?

CÉCILE.

Ce n'est plus que six cent mille francs.

POMPIGNOL.

Es-tu folle ?

CÉCILE.

Et si mon futur ne vous saute pas au cou en vous disant : mon oncle, vous avez bien raison... je ne l'épouserai pas.

POMPIGNOL.

Tu ne l'épouseras pas ?

CÉCILE.

Non... Oh ! j'ai de la volonté aussi, moi

POMPIGNOL.

Mais...

CÉCILE, l'interrompant.

Mais ne cherchez pas de raisonnement, c'est moi qui ai le bon. Est-ce que Philippe n'est pas votre neveu comme je suis votre nièce ? Est-ce que sa mère n'était pas votre sœur ? voilà un an que j'attends pour vous dire cela. Mais vous m'encouragiez si peu ! heureusement qu'il est venu malgré moi. Si vous saviez comme j'ai eu peur ! Quand j'ai su par son billet qu'il allait venir, je voulais le renvoyer ! Etais-je sotte. Si vous saviez comme je suis heureuse maintenant !... Vous ne m'écoutez pas.

POMPIGNOL, qui marche à grands pas.

Non, je ne t'écoute pas, et je ne veux pas t'écouter

Il remonte.

CÉCILE.

Mais puisqu'il vous plait maintenant, puisque...

SCÈNE XII

LES MÊMES, **PIERROT, PIERRETTE,** puis
PHILIPPE et **EUSÈBE.**

Pierrot et Pierrette effarés s'approchent doucement de Cécile

PIERRETTE, bas.

Ah ! mademoiselle, quel malheur !

* Pierrot, Cécile, Pierrette.

CÉCILE.

Quoi ?

PIERROT.

Ils se sont disputés.

CÉCILE.

Qui?

PIERRETTE.

Votre cousin a dit à monsieur qu'il avait un caractère abominable.

CÉCILE.

Hein ?

PIERROT.

Et qu'on l'appelait le Sanglier.

CÉCILE.

Ah ! mon Dieu !

PIERRETTE.

Je vous jure que ce n'est pas notre faute.

PIERROT.

Nous le tirions, nous le tirions.

PHILIPPE, entrant sans voir Pompignol *.

Je te cherchais, Cécile, pour te faire mes adieux.

CÉCILE, retenant à peine ses larmes.

Ah ! tu repars ?

PHILIPPE.

Oui, je t'ai revue, maintenant je n'ai plus rien à faire ici.

CÉCILE, très-troublée.

Tu vois que j'ai eu tort de ne pas te renvoyer; maintenant c'est fini pour toujours.

PHILIPPE, très-ému.

J'en ai peur. (Apercevant Pompignol.) Ah !

POMPIGNOL, se rapprochant.

Un dernier mot, monsieur; on me trouve injuste parce que je vous déshérite.

* Philippe, Pompignol, Cécile.

PHILIPPE.

On a bien tort, monsieur ; car cela m'est très-agréable...

POMPIGNOL, après un mouvement de colère.

Je ne toucherais dans aucun cas à la dot de ma nièce. Mais grâce à cet esprit de contradiction que vous me reconnaissez, je tiens à prouver que j'ai des entrailles... Vous n'avez aucune fortune, moi j'ai gagné beaucoup d'argent dans le commerce des sardines, et si vous vouliez reconnaître que votre père a eu tort ..

PHILIPPE.

Jamais !

POMPIGNOL.

Faire amende honorable.

PHILIPPE.

A propos de quoi ?

POMPIGNOL.

Retirez ce que vous avez dit.

PHILIPPE.

Je le pense encore.

POMPIGNOL.

Faire des excuses à monsieur de Sainte-Flore.

PHILIPPE, vivement.

Oh ! monsieur !

POMPIGNOL.

Modifier enfin vos opinions.

PHILIPPE.

Jamais !

POMPIGNOL.

Vous renonceriez plutôt à voir votre cousine ?

PHILIPPE, après un effort, voyant Cécile qui pleure.

Oui, monsieur.

POMPIGNOL, avec une grosse colère.

Vous ne feriez aucune concession ?

PHILIPPE.

Aucune!

POMPIGNOL.

Aucune?...

PHILIPPE.

Aucune.

POMPIGNOL, changeant de ton.

Eh bien! embrasse-moi.

PHILIPPE, restant interloqué.

Comment?

CÉCILE.

Que dit-il?

PIERROT et PIERRETTE.

Hein?

POMPIGNOL.

Depuis un an, je cherche un homme qui ait du caractère. En voici un.

PHILIPPE.

Ah bah!

POMPIGNOL.

Il est affreux ton caractère. Tu as des opinions que je n'aime pas, saperlotte! Tu en as qui sont à toi. Tu es un butor.

TOUS.

Oh!

POMPIGNOL.

Mais tu as une volonté, saperlipopette! Allons, embrasse-moi donc?

CÉCILE.

Eh bien, Philippe, embrasse donc ton oncle.

PHILIPPE *.

Oh! de grand cœur!

PIERRETTE, à Pierrot.

Il veut donc qu'on lui résiste?

* Philippe, Pompignol, Cécile, Pierrette. Pierrot.

PIERROT.

Eh bien, je trouverais encore plus commode de lui
obéir.

PIERRETTE.

Voilà les hommes.

EUSÈBE, entrant.

Excellente, la côtelette, excellente.

POMPIGNOL, très-aimable *.

Mon cher Eusèbe...

EUSÈBE, transporté, à part.

Il m'appelle par mon petit nom, il m'appelle Eusèbe
tout court ! C'est fait ! Pierrette, voilà tes cinquante francs.

PIERRETTE.

Merci, monsieur.

POMPIGNOL.

Mon cher Eusèbe, ne vous mariez jamais.

EUSÈBE.

Hein ?

POMPIGNOL.

Les femmes n'aiment que les mauvais sujets.

EUSÈBE.

Comment ?

POMPIGNOL.

Voilà ma nièce qui adore son cousin.

EUSÈBE, abruti **.

Ah bah !

PIERROT et PIERRETTE, regardant Eusèbe.

Pauvre jeune homme !

Pierrette enfonce vivement ses cinquante francs au fond de sa poche.

PHILIPPE, transporté.

Cécile !

* Philippe, Cécile, Pompignol, Eusèbe, **Pierrette**, Pierrot.
** Philippe, Pompignol, Cécile, Eusèbe, Pierrette, **Pierrot.**

CÉCILE, baissant les yeux.

Je ne sais où mon oncle a vu cela

POMPIGNOL, reprenant d'une façon comique son ton rogue habituel.

Veux-tu me contredire?

CÉCILE.

Oh! non, non.

EUSÈBE, à Pompignol.

Alors?...

POMPIGNOL.

Alors, je fais comme vous, qui avez un excellent caractère, je cède.

EUSÈBE *.

Mais vous vouliez pour mademoiselle un mari...

POMPIGNOL.

Un mari... qui ait des défauts.

EUSÈBE

Il fallait donc le dire.

POMPIGNOL.

Quelle jolie nature !

CÉCILE, à Pompignol.

Je vous promets que si Philippe manque jamais de caractère... c'est moi qui en aurai.

POMPIGNOL, riant.

Me voilà tranquille.

* Philippe, Cécile, Pompignol, Eusèbe, Pierrette, Pierrot.

FIN